AF299243

Émile TRAVERS

LE
CAEN ILLUSTRÉ

DE

M. Eugène DE BEAUREPAIRE

CAEN

HENRI DELESQUES, IMPRIMEUR-ÉDITEUR

Successeur de F. Le Blanc-Hardel

RUE FROIDE, 2 ET 4

1896

Émile TRAVERS

LE
CAEN ILLUSTRÉ

DE

M. EUGÈNE DE BEAUREPAIRE

CAEN

HENRI DELESQUES, IMPRIMEUR-ÉDITEUR

Successeur de F. Le Blanc-Hardel

RUE FROIDE, 2 ET 4

—

1896

Extrait du *Bulletin Monumental* — Année 1896

LE « CAEN ILLUSTRÉ »

DE

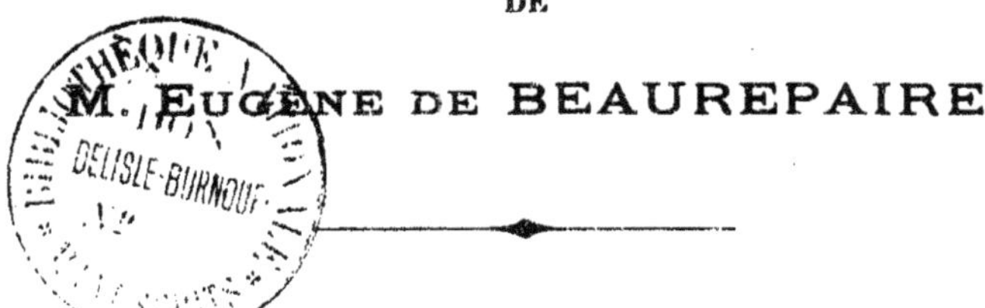

M. EUGÈNE DE BEAUREPAIRE

Après avoir dirigé pendant trente années l'imprimerie la plus considérable de la ville de Caen et au
moment de terminer sa carrière, M. F. Le Blanc-
Hardel a voulu élever à sa cité d'adoption un
monument digne d'elle et de lui. Rappeler dans une
splendide publication ce que l'Athènes normande a
été dans le passé, dire ce qu'elle est de nos jours,
retracer son histoire, décrire les richesses monumentales et artistiques que la France entière lui
envie, signaler les services de tout genre qu'ont
rendus à la patrie une foule d'hommes éminents, tel
a été le but de l'honorable éditeur. Pour accomplir
cette œuvre, il s'est adressé à deux Normands, tous
les deux épris des merveilles archéologiques et pittoresques de leur province. Au premier, M. Eugène
de Robillard de Beaurepaire, secrétaire général de
la Société française d'Archéologie et de la Société
des Antiquaires de Normandie, le savant à la compé-
tence indiscutée auquel on doit tant d'études appro-
fondies sur les édifices, les œuvres d'art et la littérature
de son pays, M. Le Blanc-Hardel a demandé la

rédaction du texte ; au second, M. Paulin Carbonnier, peintre, aquarelliste et graveur à l'eau-forte bien connu, il a confié l'illustration du livre. Puis, le maître-imprimeur, habilement secondé par son successeur M. Henri Delesques, a dirigé l'exécution matérielle avec sa connaissance parfaite des ressources de la typographie, et le *Caen illustré* (1), œuvre magistrale longtemps attendue, a enfin vu le jour.

.*.

La ville de Caen, il faut bien le reconnaître, ne possède pas une histoire vraiment digne de ce nom, ou du moins une histoire complète de son passé. De nombreux ouvrages cependant lui ont été consacrés ; mais ce ne sont que des fragments plus ou moins étendus, des récits d'épisodes, des monographies, et on attend encore l'écrivain qui rassemblera tous ces membres épars pour en composer une chronique générale de la vieille cité normande si intéressante à tant d'égards.

Charles de Bourgueville, sieur de Bras, a publié ses *Recherches et Antiquitez de la province de Neustrie, à présent duché de Normandie, comme des villes remarquables d'icelle, mais plus spéciallement de la Ville et Vniversité de Caen*, en 1588 ; Pierre-Daniel

____

(1) *Caen illustré, son histoire, ses monuments,* texte par Eugène de Robillard de Beaurepaire ; eaux-fortes et dessins de Paulin Carbonnier. Caen, F. Le Blanc-Hardel, 1896, gr. in-4° de VII-539 p. — Tiré à 400 exemplaires : 20 sur papier du Japon ; 10 sur papier de Chine ; 120 sur vergé de Hollande ; 250 sur vélin.

Huet, ses *Origines de la ville de Caen*, en 1702; l'abbé De La Rue, ses *Essais historiques sur la ville de Caen et son arrondissement*, en 1820, auxquels il faut joindre ses *Nouveaux Essais*, ouvrage posthume imprimé en 1842; Georges Mancel et Ch. Woinez, une *Histoire de la ville de Caen et de ses progrès*, interrompue à Philippe-Auguste, en 1836; Frédéric Vaultier, son *Histoire de la ville de Caen, depuis son origine jusqu'à nos jours, contenant la description de ses monuments et l'analyse critique de tous les travaux antérieurs*, très incomplète malgré son long titre, en 1843; B. Pont, une *Histoire de Caen sous les ducs normands*, en 1866; M. Pierre Carel, trois volumes sur l'histoire de Caen, depuis Philippe-Auguste jusqu'à la Révolution. Si l'on y joint l'excellent *Guide du voyageur et de l'étranger dans la ville de Caen*, de G.-S. Trebutien, celui de M. G. Lavalley; d'innombrables articles donnés isolément ou dans le *Bulletin monumental* et dans les recueils des sociétés savantes, tels que ceux de Georges Bouet, Raymond Bordeaux, L. Puiseux, Julien Travers, G. Dupont, etc.; les ouvrages généraux où il est longuement traité de Caen et de ses monuments, comme les *Architectural antiquities of Normandy*, de Cotman, avec les notes de Dawson Turner, le *Voyage bibliographique, archéologique et pittoresque en Normandie*, de Dibdin, les *Specimens of the architectural antiquities of Normandy*, de Pugin et Le Keux, *An architectural tour in Normandy*, de H. Gally. Knight, les *Monuments de la ville de Caen*, de Th. de Jolimont, la *Statistique monumentale du département du Calvados*, d'Arcisse de Caumont, *La Normandie illustrée*, publiée sous la direction d'A. Pottier et de G. Mancel, *L'Architecture*

romane en Normandie et en Angleterre, de Ruprich-
Robert, *La Normandie monumentale et pittoresque*,
en cours de publication ; des journaux écrits par des
bourgeois, témoins des faits qu'ils racontent ; des
compilations biographiques non sans valeur ; enfin,
une quantité énorme de documents inédits, conservés
dans les archives départementales, communales ou
hospitalières, ainsi que dans des collections privées
de la région, on aura à exploiter une mine inépui-
sable de renseignements qui ne demandent qu'un
patient metteur en œuvre.

Toutes ces sources que je viens d'indiquer, M. de
Beaurepaire les connaît bien et il y a largement
puisé. Sans avoir la prétention d'écrire l'histoire de
Caen, — ce qui n'était point la tâche tracée, — il en
a donné un résumé rapide et substantiel en racontant
à grands traits, lorsque l'occasion s'en présentait, les
événements dont notre ville a été le théâtre dans le
cours des siècles, en y joignant le côté anecdotique,
souvent piquant, les détails de mœurs, le caractère
des hommes, la physionomie des choses. Style facile,
élégant, spirituel, critique impartiale et judicieuse,
humour de bon aloi, connaissance toute particulière
des questions d'art, élévation dans la pensée, telles
sont les qualités qui distinguent les travaux de M. de
Beaurepaire et qui font du *Caen illustré* une œuvre
de premier ordre.

Le livre est divisé en quinze chapitres, qui traitent
successivement des origines de Caen, du château de
cette ville, des deux grandes abbayes, des églises,
des hôpitaux, des vieux et des nouveaux couvents,
de l'Université et de ses collèges, des hôtels et des
maisons anciennes, des remparts, des édifices mili-

CHATEAU DE CAEN. — PORTE DES CHAMPS OU DE SECOURS.

taires et civils, enfin du Caen moderne. C'est, comme
on le voit, une sorte d'encyclopédie consacrée à
l'histoire et à l'archéologie d'une cité importante.
Son analyse demanderait bien des pages, et ne pou-
vant faire avec le lecteur une promenade dans Caen,
sous la direction du plus érudit et du plus aimable des
guides, je me bornerai à quelques observations sur
les monuments décrits par M. de Beaurepaire.

Tout d'abord, M. de Beaurepaire se livre à de
courtes et très exactes appréciations sur les travaux
des divers historiens de Caen, puis il parle avec plus
de détails des origines et du nom de cette ville. A ce
propos, les étymologies les plus fantaisistes ont été
proposées ; mais, quoiqu'on en puisse dire et en dépit
de théories récemment émises, une seule, à mon avis,
est acceptable. Caen vient de *Cat-heim*, demeure des
Cattes, peuplade saxonne dont on trouve les traces
en Germanie et dont une partie se fixa dans la
seconde Lyonnaise. En effet, Caen n'existait ni à
l'époque gauloise, ni durant l'occupation romaine ;
la ville principale de la région était celle de Vieux,
capitale des Viducasses, qui fut détruite par
les Barbares au IIIe ou au IVe siècle. Des pirates
saxons s'établirent alors sur la colline du château,
qui commandait le fond de l'estuaire de l'Orne et un
passage de cette rivière, et au-dessous de laquelle
se groupèrent des habitations dans un quartier où
abondent les noms caractéristiques de Darnetal, Cat-
tehoulle, Gémare, etc. Mais Caen ne se trouve men-
tionné dans l'histoire qu'en 944, date où il est question

de cette ville dans un document relatif aux démêlés
du roi Louis d'Outremer avec Bernard le Danois,
tuteur du jeune Richard, duc de Normandie.

Le château, voilà donc l'origine de Caen, le noyau
primitif de la cité; c'est là aussi que se déroulent
les événements les plus notables de l'histoire de Caen
pendant le moyen âge, pendant le règne de la force
militaire. En écrire les annales, c'est retracer celles
de notre ville. Bâti en pierres par Guillaume le Con-
quérant, relié à un système de remparts qui entou-
raient la ville naissante, le château de Caen servit
souvent de résidence aux ducs de Normandie devenus
rois d'Angleterre. En 1204, il ouvre ses portes à
Philippe-Auguste, puis il a pour hôtes saint Louis et
Philippe le Bel, pendant leurs voyages dans le duché,
et est assiégé et pris successivement par les monar-
ques anglais Édouard III, en 1346, et Henri V, en 1417.
Le duc de Somerset est forcé de rendre à Charles VII,
en 1450, la vieille forteresse qui subit un dernier
siège, en 1620, lorsque Louis XIII en personne s'en
rend maître sur les officiers du parti des Princes.
Aujourd'hui, avec sa vaste enceinte et ses tours rondes
ou carrées, le château rappelle ce qu'était une grande
place de guerre au moyen âge; mais le donjon, où
Romme et Prieur de la Côte d'Or, représentants du
peuple en mission, avaient été incarcérés par le
Comité fédéraliste de Caen, a été rasé par ordre de la
Convention, et il ne reste pas une pierre de cette tour
qui passait pour une des plus belles de France.

L'époque romane a laissé à Caen de splendides

spécimens de son art, et cela est dû à des circonstances toutes spéciales : le choix que Guillaume avait fait de cette ville pour sa demeure, les difficultés soulevées par le mariage de ce duc et surtout le flot de richesses inouïes que la conquête de l'Angleterre jeta sur la Normandie.

Guillaume et sa femme, Mathilde de Flandre, étaient parents à un degré alors prohibé par l'Église. Ils promirent d'élever à Caen deux abbayes, l'une d'hommes, l'autre de femmes, et obtinrent du Pape leur pardon et la validité de leur mariage, grâce à l'intervention du pieux Lanfranc, originaire d'Italie et abbé du Bec. De là l'origine des deux monastères de Saint-Étienne (Abbaye-aux-Hommes) et de la Trinité (Abbaye-aux-Dames).

L'église de Saint-Étienne, commencée en 1066, fut dédiée en 1077. C'est un des types — le plus précieux peut-être — de l'architecture normande du XIᵉ siècle, avec sa beauté grave et sévère, l'harmonie de ses lignes, le caractère grandiose de sa construction. Aussi Ruprich-Robert a-t-il écrit avec justesse : « S'il est un peuple auquel on puisse appliquer véritablement la qualification d'architecte, c'est le peuple normand. Il n'a été, il faut le dire, à l'époque dont il s'agit, ni statuaire, ni peintre, mais nous ne voyons pas d'école où le sentiment de l'harmonie des proportions, et la recherche du monumental, se décèlent avec plus d'intensité (1) ».

Lanfranc, premier abbé du monastère, a dirigé les travaux de Saint-Étienne et en a été — il est

(1) Ruprich-Robert, *L'Architecture normande au XIᵉ et au XIIᵉ siècle en Normandie et en Angleterre*, Introd., p. v.

permis de le supposer — le seul architecte. L'influence des monuments de Pavie, sa ville natale, s'y
fait sentir et explique les différences considérables
qu'on remarque entre cette église et celle de la Trinité, bâtie cependant au même moment et dans des
circonstances identiques. Ainsi, dans la grande nef
de Saint-Étienne, les piliers sont alternativement de
force inégale pour mieux supporter le poids de voûtes

VUE DE L'ENSEMBLE DE L'ÉGLISE DE SAINT-ÉTIENNE.

énormes, comme à Saint-Michel de Pavie, et de
larges tribunes s'ouvrent des deux côtés au-dessus
des arcades donnant accès aux bas-côtés, comme
dans l'édifice padouan et comme à Saint-Ambroise
de Milan. Mais si l'école lombarde a eu une influence
réelle sur le plan de Saint-Étienne, la décoration du

SAINT-ÉTIENNE. — VUE INTÉRIEURE DE LA SACRISTIE.

monument ne s'en est pas le moins du monde res-
sentie, et celle-ci est toute normande.

Des modifications eurent lieu dans les projets pri-
mitifs, et les voûtes furent commencées au XII* siècle
seulement. Si la façade, les tours jusqu'à la corniche
du toit, la nef et les transepts sont du style roman le
plus pur, le chœur, en revanche, est du XIII* siècle
et les flèches octogones des tours sont attribuées au
XIV*. Ces constructions successives et les réparations
exécutées au commencement du XVII* siècle pour ré-
parer les ravages des bandes protestantes, « ces différences qu'un archéologue exercé peut seul reconnaître, dit M. de Beaurepaire, échappent au regard
du spectateur, absorbé tout d'abord et charmé par
la robuste et harmonique simplicité de la façade.
L'harmonie est aussi le sentiment que l'on éprouve
en pénétrant à l'intérieur de l'édifice. L'architecte,
dédaignant le soin de l'ornementation, n'a visé qu'à
la grandeur, et il a produit une œuvre saisissante
dans sa rigide simplicité ».

C'est le même sentiment qui frappe, avec un peu
moins de force toutefois, en entrant dans l'église de
la Trinité, que Dibdin proclamait « le plus intéressant édifice, toutes choses compensées, qui fût à
Caen ». La Trinité, commencée en 1062, fut dédiée
dès le 18 juin 1066 ; elle a été entièrement restaurée,
de 1851 à 1861, par Ruprich-Robert, ce qui a permis
à l'éminent architecte de demander à ce monument
les indications les plus précieuses pour l'histoire de
l'art en Normandie.

Tout est roman dans l'ensemble de l'édifice, mais
on y trouve la trace d'époques différentes, quoique
fort rapprochées les unes des autres. Ruprich-Ro-

bert estime — il convient de faire à cet égard quelques réserves avec M. de Beaurepaire—que la crypte,

TRAVÉES DE L'ÉGLISE DE LA TRINITÉ.

la tour centrale jusqu'aux combles de l'église, le bas
du clocher et des tours, les transepts et les murs la-

téraux de la nef sont les parties les plus anciennes ;
ensuite viennent les piliers de la nef et le haut des
tours, puis le triforium aveugle des transepts et le
chœur, enfin les murs de la nef à partir des arcs, les
voûtes de la nef et des transepts et les colonnes en-
gagées qui les supportent. Le problème important,
ici comme partout, c'est la substitution de la voûte en
pierre à celle en charpente, et le plan de la Trinité
permet d'affirmer que ses voûtes en pierre ne peuvent
remonter qu'au XIIe siècle, ainsi que celles de toutes
les églises romanes de la région.

Une autre question fort controversée est de savoir
si les deux tours de la façade et la tour centrale ont
jamais été surmontées de flèches. Pour la dernière,
le peu d'épaisseur des murailles impose une réponse
négative, et, pour les deux autres, le silence des do-

cuments, malgré ce qu'ont
dit Bourgueville de Bras et
l'abbé De La Rue, malgré
les affirmations de Ruprich-
Robert, donne tout lieu de
penser, avec M. de Beau-
repaire, qu'elles n'ont jamais été couronnées de
pyramides.

La façade de la Trinité
est remarquable par son
développement et sa disposition simple et heureuse.

Quant à l'ornementation
de cette église, elle offre
aussi aux archéologues de très intéressants sujets
d'études : frises à cercles entrelacés, coupés çà et là

par des fleurons, modillons à têtes d'animaux grotesques et à figures grimaçantes, chapiteaux à décoration variée où l'on découvre les traces de l'influence
byzantine et très souvent, — j'en ai la conviction, —
celles de l'influence scandinave, enfin, dans la crypte,
sur l'un des chapiteaux, une grossière sculpture,

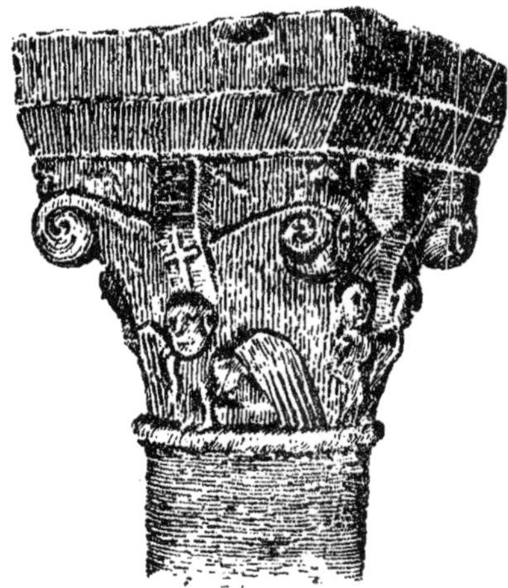

LA TRINITÉ. — CHAPITEAU DE LA CRYPTE.

essai de représentation du Jugement dernier, que
M. de Beaurepaire signale pour la première fois.

A côté des deux grandes églises abbatiales de
Saint-Étienne et de la Trinité, Caen possède deux
autres édifices de l'époque romane, aujourd'hui aban-
donnés: l'église Saint-Nicolas, achevée en 1083, dont
les dispositions caractéristiques du portail, de la
tour centrale à coupole, des absidioles, de la grande
tribune qui recouvre un des transepts, et la décora-

SAINT-GILLES. — PORTAIL LATÉRAL SUD.

tion austère, rappellent d'une manière frappante
l'aspect général de Saint-Étienne ; puis l'église Saint-

VUE GÉNÉRALE DE L'ÉGLISE SAINT-NICOLAS.

Gilles, qui, très remaniée et stupidement mutilée,
offre encore une nef remarquable et des décorations
du XII° siècle, avec un charmant portail, addition
des premières années du XVI° siècle, due à l'architecte
caennais Blaise Le Prestre.

*
* *

A son tour, la période gothique a élevé dans
Caen des monuments remarquables et qui peuvent
presque rivaliser avec ceux du milieu du moyen
âge : Saint-Pierre, Saint-Jean, Saint-Sauveur, etc.
L'église actuelle de Saint-Pierre a remplacé un

édifice roman. Le grand portail date du XIIIᵉ siècle
et le portail nord du XVᵉ; les cinq premières travées

SAINT-PIERRE. UNE TRAVÉE DU CHŒUR.

de la nef sont du
XIVᵉ siècle et les
six travées suivan-
tes du XVᵉ; enfin,
les voûtes du chœur
et l'abside avec ses
chapelles, œuvre
d'Hector Sohier,
offrent un brillant
spécimen de l'épa-
nouissement de l'art
de la Renaissance.
Malgré tous ces dis-
parates, l'ensemble
est plein d'élégance
et d'harmonie, et
partout les détails
de l'intérieur et de
l'extérieur, même
quand l'ornementa-
tion est un peu trop
luxuriante, provo-
quent l'admiration.

Quelques chapi-
teaux ont conservé
la décoration de
l'église romane pri-
mitive et ont pro-
voqué les savantes
dissertations de
l'abbé De La Rue,

de Thomas Wright, de Paulin Paris, de M. Armand
Gasté et de bien d'autres. Leurs sculptures énigmatiques ont livré leurs secrets et nous savons désormais

qu'elles représentent le Phénix, le Pélican et l'Uni-
corne des Bestiaires divins, puis Lancelot du Lac,

traversant le « pont sur l'eau » ou « pont de l'épée »
le même personnage ou Gauvain faisant l'épreuve du
« lit périlleux », l'anecdote d'Yvain dit le « chevalier

au Lion », la mésaventure de Virgile amoureux et l'humiliation du philosophe Aristote, d'après les romans de chevalerie ou les lais des Trouvères.

Mais ce qu'il y a de plus remarquable à Saint-Pierre, ce qui est la merveille de Caen, ce qui fera toujours pousser un cri d'admiration aux archéologues et aux artistes, c'est la flèche qui fut bâtie dans le premier quart du XIV⁰ siècle.

« Belle entre les plus belles flèches, écrit Trebutien, elle a toute la pureté et la grandeur de l'inspiration catholique, dont elle exprime l'idéal sévère, saisissant et sublime; c'est la réalisation la plus complète de l'idée chrétienne par l'architecture ». Dibdin, Gally-Knight, Caumont se montrent aussi enthousiastes, mais, comme le dit M. de Beaurepaire, lorsqu'on veut épuiser ce sujet, c'est encore le vieil historien Bourgueville de Bras qu'il faut citer: « Combien que ceste Eglise [Saint-Pierre] soit fort ample et tres belle, ayant ses deux aisles ou costez, dont celuy deuers le carrefour fut faict bastir viron l'an 1410, et l'autre deuers la poissonnerie quelque temps depuis, comme il peut apparoir par le date escript aux vistres: toutes fois ce qui est le plus singulier, c'est la tour ou pyramide, laquelle est d'vne admirable hauteur, fondee sur quatre moyens piliers de si subtil artifice qu'on ne voit et ne s'apperçoit l'on du fondement, soit en entrant à l'Eglise par dessoubs ceste tour, ou à l'opposite par l'vne des aisles, et si l'on en voit le vuide par le dedans iusques au sommet. Elle a son diametre iusques aux carneaux d'icelle en quadrature: par lesquelles carneaux, qui sont de grande hauteur, l'on se pourmeine tout au tour, et y sont huict tourelles posees à l'endroit de huict quarres qui font les huict

ÉGLISE SAINT-PIERRE. VUE PRISE DE LA DESCENTE DU CHATEAU.

airres de vent. Puis est au dessus esleuee la pyramide d'vne emerueillable hauteur, qui est percee par quarante huict grandes estoilles vuides, où soufflent et coullent les vents, qui empeschent d'emdommager ceste pyramide qui n'est que de quatre doigts d'espesseur, et en sont les pierres ionctes les vnes aux autres par crampons de fer, et cimentees par le dedans. Aussi ce qui l'embellit dauantage, c'est que toute ceste pyramide est d'ouurage à la damasquine par vndes, et, de viron sept en sept pieds, sont des crampons de mesme pierre sur les huict quarres, ce qui donne grande decoration et contentement à l'œil de ceux qui la voyent et contemplent. J'ay veu les tours de Paris, Rouen, Toulouse, d'Avignon, Narbonne, Montpellier, Lyon, Amiens, Chartres, Angers, Bayeux, Constances [Coutances], celles de l'Abbaye dudict Caen, et autres plusieurs pays de la France, qui sont edifices en forme de pyramide; mais ceste tour de sainct Pierre dudict Caen excede toutes les autres, soit en hauteur manouure singulier, que toute autre forme de structure (1) ». Comme on le voit, le sieur de Bras devenait éloquent à la vue des beautés architecturales de l'église où il avait reçu le baptême, et sa description de la flèche de Saint-Pierre, avec le changement de quelques expressions techniques, — « ouvrage à la damasquine », par exemple, — pourrait encore être signée par un Viollet-le-Duc.

Il faut encore citer à Caen, parmi les édifices religieux curieux à divers titres: Saint-Jean, avec sa nef

(1) Ch. de Bourgueville, sieur de Bras, *Les Recherches et Antiquitez de la ville de Caen*, p. 53-55.

du XIV° siècle, sa tour du portail, qui s'est inclinée d'une manière si étrange et si menaçante, et sa tour centrale de la Renaissance, restée inachevée ; |—

ÉGLISE SAINT-JEAN.

Notre-Dame de Froiderue, aujourd'hui Saint-Sauveur (XIV°-XVI° siècles), avec sa pyramide élégante à laquelle celle de Saint-Pierre empêche le visiteur de rendre justice, la galerie délicatement fouillée de son portail, le gracieux escalier d'une « monstrance », ses restes de peintures murales, son abside de la Renaissance et ses deux nefs, qui communiquent entre elles par une arcade hardie percée dans une ancienne muraille et donnent à l'ensemble l'aspect de deux églises accolées ; — Saint-Sauveur-du-Marché, à présent la Halle-au-Blé, avec des vestiges de toutes les époques ; — Saint-Étienne-le-Vieux, édifice honteusement

N.-D. DE FROIDERUE (SAINT-SAUVEUR). — PEINTURE A FRESQUE.

abandonné et dans l'état le plus lamentable, où la
Renaissance a laissé un fouillis de détails charmants
et dont le cavalier symbolique, très ancienne sculp-

VUE INTÉRIEURE DE LA NEF DE SAINT-SAUVEUR-DU-MARCHÉ.

ture encastrée dans un mur près du grand portail, est
l'une de ces statues équestres analogues à celles qui
se rencontrent nombreuses en Guyenne et en Poitou
représentant probablement l'empereur Constantin
ou le triomphe de l'Église catholique sur le paga-

nisme ; — Saint-Michel de Vaucelles, avec sa tour romane et les fresques de ses clefs-de-voûte exécutées au milieu du XVI⁰ siècle; — enfin, Notre-Dame ou la

CAVALIER SYMBOLIQUE.

Gloriette, ancienne église des Jésuites, dont la première pierre fut posée en 1684, modèle assez froid, mais correct et bien proportionné du style importé d'Italie il y a deux siècles.

M. de Beaurepaire a minutieusement décrit toutes ces églises, et d'autres encore, en archéologue et en artiste, et il a rapporté ce que l'on sait de l'aspect de celles qui ont disparu. Il s'est livré au même travail pour les hôpitaux, les maladreries, ainsi que pour les nombreux couvents d'hommes ou de femmes existant à Caen avant la Révolution ; puis il a consacré un long chapitre, — et non des moins intéressants de son livre, — aux confréries et aux charités, sujet que dès longtemps il a étudié avec une sorte de passion.

.*.

« Nous ne connaissons pas d'excursion archéologique plus agréable, dit M. de Beaurepaire, que celle à laquelle nous convient les vieux hôtels et les vieilles maisons de la ville de Caen. Certainement, là comme ailleurs, le temps a accompli son œuvre; mais en dépit des années écoulées, des variations de

TOUR ROMANE DE L'ÉGLISE DE VAUCELLES.

goût, de l'amour du changement, du vandalisme
destructeur et restaurateur, il reste encore assez de
vieux logis pour défrayer la curiosité des antiquaires
et fournir matière à l'admiration des artistes » Rien
de plus exact ; rien aussi de plus intéressant que la
description donnée par l'auteur de toutes ces antiques
habitations caennaises, si nombreuses encore, édifices en bois, ou plutôt en colombage, et en pierre.
M. de Beaurepaire a cité d'abord celles-ci, mais elles
sont les plus récentes en général ; il eût donc été
plus logique de les mentionner en dernier lieu. Je
vais en dire quelques mots, en suivant l'ordre chro-
nologique.

Caen, comme toutes les villes de Normandie, avait
beaucoup souffert durant les interminables luttes
entre la France et l'Angleterre. Notre cité fut presque entièrement rebâtie à diverses reprises. Quoique
ayant à ses portes d'inépuisables carrières de belle
et bonne pierre, mais peut-être parce que celles-ci
avaient été confisquées au profit des vainqueurs, elle
vit s'élever dans ses murs un grand nombre de logis
en bois. M. Jules de Lahondès a fait, à ce propos,
une remarque qu'il convient de rappeler. « L'inno-
vation des maisons en bois, écrit le sagace archéologue, fut générale au XV⁰ siècle dans toute la
France, dont l'unité de goût dans les arts, comme de
sentiments et d'idées, a singulièrement devancé le
régime centralisateur qu'elle préparait. Elle a frappé
les étrangers plus que nous, qui sommes touchés
davantage par les différences locales les plus légères.
Le bois se prêtait aux nécessités du temps par l'em-
ploi de matériaux économiques, le chêne étant alors
très abondant, par la rapidité de la construction

d'ailleurs très solide, par la possibilité de superposer
des étages en saillie et d'augmenter ainsi l'espace

MAISON DE BOIS, RUE SAINT-JEAN.

habité dans les villes fer-
mées qui ne pouvaient
s'étendre, et aussi par la
facilité de la gouge et du
ciseau à faire courir sur
les montants une orne-
mentation rapide et peu
coûteuse. Peut-être cet
élan subit fut-il un retour
instinctif d'atavisme vers
l'architecture et la sculpture de bois que les peu-
plades du Nord avaient
importées jadis au milieu
des constructions gallo-
romaines (1) ».

Quoi qu'il en soit, Caen
compte encore beaucoup
de maisons de bois avec
étages en encorbellement,
poitrails et montants
sculptés et parois en co-
lombage, ornées parfois
de curieuses décorations
polychromes. Il faut citer,
entre autres, de vieux
logis dans les rues de
Geôle (maison des Quatrans), du Montoir-du-
Château, du Montoir-Poissonnerie, de la Porte-au-

----

(1) *Bulletin monumental*, t. LVIII (1893), p. 463.

INTÉRIEUR DE LA COUR DE LA MAISON DES QUATRANS.

Berger, Saint-Jean, Saint-Pierre, où l'on remarque les élégantes sculptures de la maison n° 52 et de sa voisine l'ancienne demeure des Mabré, que M. de Beaurepaire avait déjà si bien décrite ailleurs (1) et tant d'autres dans presque tous les quartiers de la ville.

Au début du XVI° siècle, le commerce enrichit prodigieusement beaucoup de familles de noblesse récente ou encore restées dans les rangs de la bourgeoisie. On rencontrait à Caen un grand nombre de ces hommes nouveaux, épris de faste, amis éclairés des arts. A eux sont dus ces beaux hôtels qui, malgré l'abandon, malgré le vandalisme de leurs neveux, seront pendant des siècles l'honneur de notre ville.

Le premier en date des édifices caennais de la Renaissance est l'hôtel de Than, bâti pour Thomas Morel, vaste habitation encore en assez bon état, qui est « une des plus précieuses manifestations de la Renaissance dans la ville de Caen », au dire de Léon Palustre. On y remarque, en effet, de très beaux détails, des armoiries, des médaillons sculptés, d'admirables lucarnes à frontons aigus du dessin le plus riche et le plus varié, surmontés d'ornements largement traités, qui rappellent les grands épis en faïence de Manerbe, dont la décoration semble empruntée aux « rustiques figulines » de Palissy.

Vient ensuite l'hôtel Le Valois ou d'Escoville, aujourd'hui la Bourse, bien des fois décrit par des archéologues tels que T. de Jolimont, A. de Caumont,

____

(1) *Une maison du XVI° siècle à décoration extérieure polychrome, à Caen*, dans le *Bulletin monumental*, t. LIII, p. 129-141.

Sauvageot et L. Palustre, qui le proclame « l'une des merveilles de la ville de Caen. Nous pourrions dire, ajoute-t-il, de la France entière ».

FENÊTRES A FRONTON DE L'HÔTEL DE THAN.

Tout le monde connaît, ne fût-ce que par les gravures et les photographies qui l'ont popularisé, cet

hôtel, ou plutôt ce palais, le plus splendide peut-être
qu'un simple particulier ait fait bâtir dans notre
pays au XVI° siècle. Une longue description serait
donc superflue ; il me faut cependant en rappeler les
principales dispositions et dire quelques mots des
problèmes que soulèvent cet édifice et son constructeur inconnu jusqu'à présent.

CAMPANILES DE L'HÔTEL D'ESCOVILLE.

L'hôtel d'Escoville est formé de trois corps de
logis. Le premier, en façade sur la place Saint-

Pierre, est décoré de huit grandes colonnes d'ordre composite et d'une porte, dont le tympan offrait jadis un bas-relief représentant le Fidèle ou le Véritable de l'Apocalypse, à cheval, ce qui avait valu à cette demeure le nom vulgaire d'hôtel du Grand-Cheval. Dans la cour, devant le visiteur, se dresse un autre bâtiment composé de trois pavillons d'ordre corinthien et remarquable par l'heureuse et savante disposition des lignes. Au centre de ce corps de logis, un grand pavillon à haute toiture est surmonté de la plus splendide lucarne qu'un artiste ait jamais pu imaginer ; mais on préfère souvent à ce pavillon un ravissant escalier en spirale qui se trouve à l'angle du bâtiment. A propos de cet escalier, placé en arrière d'un péristyle couvert et formé par deux loges, on a rappelé Chambord et la fameuse lanterne de Tiraqueau. « C'est aller un peu loin, dit avec raison Léon Palustre, et rien n'autorise, en réalité, un rapprochement qui ne peut que jeter le trouble dans les idées et empêcher de mettre chaque chose en sa place. La tour à double coupole élevée par l'architecte de Nicolas Le Valois est déjà assez belle par elle-même sans que l'on exagère encore son mérite. Avec son diminutif à pans coupés, que surmonte une sorte de petit temple monoptère, peu fait pour cacher une statue de Priape, dont l'apparition à cette place ne manque pas de fournir matière à d'étranges réflexions, elle achève de mouvementer les lignes d'un édifice regardé à bon droit comme un des chefs-d'œuvre de l'architecture française (1) ».

Le corps de logis principal formant le côté droit

(1) Léon Palustre, *La Renaissance en France*, t. II, p. 311.

de la cour se rejoint en retour d'équerre aux deux autres parties. La réunion des deux étages en un seul l'a fort mutilé. Deux grandes niches hardiment dessinées abritent deux statues aux formes trop élancées, mais d'un style excellent : David tenant la tête de Goliath et Judith celle d'Holopherne. Puis, dans la partie supérieure des trumeaux, on admire la plus singulière et la plus riche décoration héraldique qu'on ait jamais inventée : deux écussons tenus, l'un par des génies, l'autre par des nymphes, sont soutenus chacun par un homme qui est censé placé en arrière du mur et dont la tête sort d'un oculus feint de la frise, tandis que son bras émerge de l'épaisseur de l'entablement.

Ajoutons que toutes les parties de l'édifice sont ornées de lucarnes monumentales, de bas-reliefs, de têtes de personnages historiques ou légendaires, de ce qu'on appelait des hiéroglyphes, avant qu'on ne sût ce que c'est que des hiéroglyphes, et d'inscriptions plus ou moins énigmatiques, le tout inspiré par des passages du *Songe de Poliphile* ou symbolisant peut-être les idées des adeptes du « grand œuvre », car Nicolas Le Valois s'occupait avec ardeur de la science hermétique, sur laquelle il a laissé de volumineux manuscrits.

M. de Beaurepaire est disposé à croire qu'Hector Sohier, l'architecte de l'abside de Saint-Pierre (1), fut aussi celui de l'hôtel d'Escoville.

(1) On doit aussi très probablement à Hector Sohier l'abside de Saint-Sauveur de Caen et les curieux châteaux de Lasson, à 10 kil. de Caen, et de Chanteloup, dans le département de la Manche, entre Granville et Coutances.

« Il est tout d'abord impossible, dit l'auteur du *Caen illustré*, de ne pas remarquer que l'hôtel d'Escoville et l'abside de l'église Saint-Pierre, situés vis-à-vis l'un de l'autre sur la même place, appartiennent sensiblement à la même époque. Les travaux de l'abside embrassent un espace de vingt-sept ans, de 1518 à 1545 ; les travaux de l'hôtel, commencés vers 1538 (1), étaient terminés en 1541. Les deux constructions nous offrent d'ailleurs une infinité de détails à peu près identiques ; les disques, les oculus, les personnages à relief saillant qui émergent d'ouvertures simulées, se retrouvent dans l'une comme dans l'autre ; et, chose plus frappante encore peut-être, le mélange des sujets sacrés et mythologiques, que nous avons signalé sur la façade de l'hôtel d'Escoville, constitue également une partie de la décoration des pendentifs de la voûte du rond-point. L'architecte de l'église ressemble à l'architecte de l'hôtel par les procédés techniques et par la manière de comprendre les motifs d'ornementation. Pourquoi, dès lors, en l'absence de toute indication contraire, n'y verrait-on pas un seul et même personnage ? Ces raisons, qui avaient porté Raymond Bordeaux à faire honneur à Hector Sohier de l'hôtel d'Escoville, nous impressionnent dans le même sens. Cette opinion n'a pas pour elle une certitude absolue, mais elle nous paraît présenter les caractères d'une très grande probabilité ».

J'en demande pardon à mon savant maître et ami,

____

(1) Et non en 1530, comme le ferait supposer une des rares fautes d'impression du *Caen illustré*, faute d'autant plus regrettable qu'elle pourrait induire le lecteur en erreur.

màis je ne suis pas convaincu; et, pour soumettre au lecteur toutes les pièces du procès, on me permettra de reproduire ici l'argumentation que j'ai présentée ailleurs.

« A quel architecte Nicolas Le Valois a-t-il confié la construction de sa splendide demeure ? On a beaucoup discuté sur ce problème et personne n'en a trouvé la solution. Comme tant d'autres, cette œuvre de génie est encore anonyme.

« Longtemps on a répété que l'hôtel d'Escoville avait été élevé par des artistes italiens ; on précisait même et on. les disait florentins. Puis, on a prononcé, assez timidement, il est vrai, le nom de Blaise Le Prestre, en se basant sur un passage peu explicite où Jacques de Cahaignes parle du bas-relief de l'Apocalypse (1). Trébutien cite, à ce propos, des lettres adressées à Huet par le médecin Dubourg et par le P. de La Ducquerie, lettres qui donnent des détails curieux, mais qui ne nous apprennent rien de l'architecte ou du sculpteur.

« Voyons ce que dit Cahaignes, dans son Éloge 14, consacré à Hector Sohier, à Blaise Le Prestre et à Abel, fils de ce dernier. « On peut juger à Caen de toutes les phases de cet art (l'architecture), aussi bien dans les maisons particulières que dans les monuments religieux. Ces édifices ont été élevés par nos concitoyens, sous la direction d'artistes distingués ; je n'en citerai que quatre. Dans cette partie de l'église Saint-Pierre, que nous autres Français nous appelons « cœur », ou, pour mieux dire, « chœur », et dans les bas-côtés, on voit de superbes voûtes,

____

(1) *Elogiorvm civivm cadomensivm centuria prima*, p. 22.

construites avec une grande perfection par Hector
Sohier (1). A l'entrée de l'église mise sous le vocable
de saint Gilles, on voit un œuvre artistement travaillé, dû à Blaise Le Prestre; les proportions en sont
si bien conçues qu'il a été l'objet de l'admiration des
gens de l'art. De chaque côté de l'entrée de cette belle
demeure, que fit élever Nicolas Le Valois, en son vivant le plus notable des habitants de la ville à cause
de l'immensité de ses richesses, on remarque deux
colonnes rehaussées d'ornements d'architecture; leur
style est celui qui était alors en vogue en France;
au-dessus on voit un grand cheval que monte un géant.
Ce sujet est en pied et ressort en haut-relief avec
beaucoup d'art. Au-dessous se profilent, avec une
saillie d'un pouce, nombre de petits personnages.
Les proportions de toutes les parties de cet édifice
sont si heureusement combinées et répondent si bien
à la grandeur de l'ensemble que les plus fins con-
naisseurs ne peuvent se lasser de l'admirer. Je ne
dois pas non plus passer sous silence ce morceau
d'architecture qui décore la porte d'entrée de ma
modeste demeure. D'après Rémy Rosel, architecte à
Paris, c'est moins à la composition des matériaux
qu'à l'art avec lequel ils sont travaillés qu'elle doit
sa supériorité sur tout ce qui existe à Caen en ce
genre. Cette façade, d'ordre dorique, bien symétri-
quement coordonnée, fut construite aux frais de mon
père, sous la direction d'Abel Le Prestre, fils de

---

(1) « En l'an 1521, fut commencé ce beau et magnifique Rom-
poinct et les Voûtes de l'église de sainct Pierre de Caen ». Ch. de
Bourgueville, sieur de Bras, *Les Recherches et Antiquitez de
la Ville et Vniversité de Caen*, p. 137.

Blaise. Ce fut son dernier ouvrage, car il mourut après l'avoir terminé ; mais les dernières œuvres des plus grands artistes sont souvent les meilleures »…. Ce qu'il faut retenir de ce passage des *Éloges des citoyens de la ville de Caen*, c'est que leur auteur cite « quatre édifices élevés par ses concitoyens, sous la direction d'artistes distingués », et que de ces artistes il n'en nomme que trois, auteurs de trois œuvres qui ne leur sont pas contestées. Mais, s'il vante l'hôtel de Nicolas Le Valois, il ne nous indique pas le nom de son constructeur.

« Ne serait-ce pas tout simplement parce que cet architecte n'avait pas vu le jour à Caen ? Il est bien permis de le croire. Toutefois si cet artiste oublié n'est pas né sur les bords de l'Orne, faut-il pour cela le supposer Italien ? Nous ne le pensons pas. Les architectes d'au delà des Alpes, auxquels on a attribué tant de palais et de châteaux, ont bien moins travaillé en France qu'on ne l'a si longtemps prétendu. En Normandie, par exemple, les églises et les grands édifices élevés au XVIe siècle sont l'œuvre d'artistes du pays, disciples eux-mêmes des maîtres du siècle précédent. C'étaient des Normands, ces hommes si habiles qui s'intitulaient modestement « maçons » ou « tailleurs d'images », et qui ont bâti, achevé ou décoré la cathédrale de Rouen, le portail de la Calende et le porche de la cour des Libraires, le château de Gaillon, l'abbaye de Vallemont, les églises de Saint-Étienne d'Elbeuf, de Caudebec, de Dieppe, de Saint-Jacques de Lisieux, d'Argentan, de Gisors et de leurs environs. Il était aussi Français et peut-être Normand celui auquel Nicolas Le Valois confia le soin de tracer le plan de son opulente

demeure et de la construire. Mais quel est son
nom ?

« A coup sûr, ce n'est pas Abel Le Prestre, mort
tout jeune avant que l'hôtel d'Escoville ne fût commencé. « Très probablement, dit Léon Palustre, il
disparut avant son père, nommé Blaise, qui, de 1510
à 1520, était encore dans la force de l'âge, puisqu'il
dotait l'église Saint-Gilles d'un portail grandement
admiré par Cahaignes. Nous ne nous en occuperons
pas cependant, puisqu'il s'agit d'une composition
encore gothique et qui n'a nul rapport, quoi qu'on
ait essayé de prouver le contraire, avec l'ancienne
façade de l'hôtel Le Valois ou d'Escoville, sur la
place Saint-Pierre. Cet édifice, on le sait, ne fut
commencé qu'en 1538, et Blaise Le Prestre, s'il
vivait encore à pareille date, n'était certainement
pas capable du prodigieux effort nécessité par une
aussi complète transformation. Le texte des Éloges
n'autorise d'ailleurs aucunement l'attribution dont
nous parlons (1). Sans doute, les architectes nommés
ne sont qu'au nombre de trois, tandis qu'il est
successivement question de quatre chefs-d'œuvre
différents. Mais qu'en faut-il conclure, sinon que
Jacques de Cahaignes a oublié de nous renseigner sur
un point qu'il eût été très désirable de fixer. Toute
la construction n'a rien de gothique et ce n'est pas
dans ce sens qu'il faut prendre l'expression : « à la
mode française », appliquée par le médecin historien

(1) L. Palustre ajoute en note : « Immédiatement après la
phrase relative à l'église Saint-Gilles, Jacques de Cahaignes
s'étend, il est vrai, sur l'hôtel Le Valois ; mais rien ne fait supposer que, dans sa pensée, les deux édifices soient du même
architecte ».

aux colonnes de l'entrée. Il a voulu seulement dire
que, de chaque côté de la porte, se trouvaient deux
colonnes disposées non sur un même plan, comme
cela se pratique dans l'architecture classique, mais
en retraite l'une sur l'autre, ainsi que nous le voyons
dans tous les monuments du moyen âge. Le dernier
argument invoqué par les partisans de Blaise Le
Prestre se trouve donc, lui aussi, privé de valeur (1) ».

« L'artiste employé par Nicolas Le Valois con-
naissait assurément, au moins par des plans et des
dessins, les œuvres des architectes italiens de son
temps. Il avait entre les mains le *Songe de Poliphile*,
ce roman philosophique si connu alors par d'innombrables éditions illustrées, et il s'en est inspiré dans
ses décorations et dans sa construction du petit
temple qui, près de la lanterne, abrite un singulier
simulacre du dieu des jardins. Mais l'ensemble de
son œuvre est bien française ; bien françaises aussi
sont les deux grandes figures de David et de Judith,
avec leurs formes élancées, caractéristiques de notre
statuaire du moyen âge et que nos artistes ont longtemps imitées.

« En terminant, nous devons faire remarquer les
analogies qui existent, dans l'ordonnance générale et
les détails, entre l'hôtel Le Valois et le gros pavillon
du château de Fontaine-Henry (2). On constate aussi
une ressemblance frappante entre ces édifices et le
« Casino » élevé par les soins d'Étienne Duval et
dont nous parlerons bientôt. A l'hôtel Le Valois,
comme à Fontaine-Henry, l'architecte a notamment

(1) L. Palustre, *La Renaissance en France*, t. II, p. 227-228.
(2) Canton de Creully (Calvados).

placé l'effigie victorieuse de Judith, et bien d'autres particularités prouvent que les deux édifices sont de la même main.

« Le gros pavillon de Fontaine-Henry fut, d'ailleurs, bâti à la même date que l'hôtel d'Escoville — il porte la date de 1537 — pour Jean d'Harcourt, seigneur de Fontaine-Henry, lieutenant du Roi au bailliage de Caen, personnage avec lequel Nicolas Le Valois se trouvait en rapports quotidiens. On peut donc supposer sans témérité que celui-ci s'adressa, pour élever sa demeure, à l'architecte d'incomparable talent que Jean d'Harcourt avait alors à son service.

« Et le jour où quelque heureux hasard dévoilera

MÉDAILLONS (HÔTEL DE LA MONNAIE).

l'auteur de l'une des deux constructions, nous saurons en même temps à qui attribuer le second de ces chefs-d'œuvre et d'autres édifices qui font si grand honneur à l'art français de la Renaissance (1) ».

Au centre de la ville de Caen, près de l'église Saint-Sauveur, se trouve un ensemble de cours et

(1) Émile Travers, *L'ancien hôtel d'Escoville à Caen*, dans *La Normandie monumentale et pittoresque (Calvados)*, pp. 83-90

de passages (cour de l'Ancienne-Halle, cour de la Monnaie, hôtel de Mondrainville, etc.), où l'on remarque de curieux édifices dans l'abandon le plus déplorable. Que de changements se sont produits dans cette propriété depuis le temps où elle témoignait de la richesse et du sentiment artistique d'Étienne Duval, sieur de Mondrainville, le patriote désintéressé, le grand trafiquant du XVIe siècle, une des figures normandes les plus singulières de cette époque !

Étienne Duval avait là son habitation particulière, ses jardins et ses entrepôts, auxquels on accédait par une grande porte cintrée encore ornée d'armoiries.

Le petit logis dit hôtel de la Monnaie, parce qu'on y transféra la Chambre de la Monnaie de Saint-Lo à la fin du XVIe siècle, fut bâti de 1531 à 1535. La façade est élégante et des plus pittoresques avec sa tourelle d'angle, sa tourelle centrale à dôme, ses médaillons à personnages très saillants, ses fenêtres à pilastres terminées par un fronton à large coquille.

Mais la partie la plus remarquable des constructions d'Étienne Duval, et unique dans son genre en Normandie, est ce que l'on nomme particulièrement l'hôtel de Mondrainville, un grand pavillon, terminé en 1549, qui n'a jamais servi d'habitation et ne contenait que des salles de fêtes, comprenant un rez-de-chaussée percé de trois énormes ouvertures cintrées, celle du milieu formant fenêtre, et un premier étage ajouré de baies jumelles et, au centre, d'une fenêtre triple que surmonte une lucarne à fronton. Quatre colonnes à chapiteaux corinthiens décorent la façade ; malheureusement les bas-reliefs

de leurs bases, qui représentaient les cavaliers de
l'Apocalypse, et ceux des entrecolonnements sont
indéchiffrables aujourd'hui. Puis, partout, comme
au petit hôtel de la Monnaie, des inscriptions et des
anagrammes faisant allusion à la vie d'Etienne
Duval, romanesque exemple de la bonne fortune et
de l'adversité.

« Si ce n'est un haut toit d'ardoises (1), qui rappelle
si bien l'époque de François I" dans nos pays du
Nord, cette construction, écrit Raymond Bordeaux,
semblerait apportée d'Italie. C'est une de ces loges
comme on en voit à Florence et à Sienne : c'est encore quelque chose de calqué sur les arcs de triomphe
antiques ».

« C'est, dit à son tour Léon Palustre, quelque
chose d'analogue à ce que les Italiens appellent
« casino » : nous voulons dire un pavillon isolé, dont
la destination est de servir aux jeux et aux fêtes ».

Ici, comme pour l'hôtel d'Escoville, le nom du constructeur est ignoré et seul le hasard pourra le faire

(1) Ce comble dont la charpente exigeait des réparations a été
remplacé, il y a quelques années, par une toiture en ardoises
qui a changé complètement l'aspect. Du reste, l'édifice est
fort dégradé. Depuis plus de trois siècles l'intempérie des
saisons a effrité la pierre trop tendre et détruit bien des ornements délicats. Puis la honteuse incurie des propriétaires — et
les actuels sont des imprimeurs, c'est-à-dire des artistes qui
devraient tenir à montrer quelque goût, — a laissé d'ignobles
appentis s'adosser chaque jour plus nombreux à ce merveilleux
spécimen d'un genre de construction unique dans nos contrées.
L'état présent de la demeure particulière et du casino d'Étienne
Duval est lamentable et chaque hiver y produit de nouveaux
dégâts.

connaître quelque jour. « Quel est, dit Léon Palustre,
le nom de l'architecte employé par Étienne Duval ?..
Sur ce point important, les renseignements font dé-
faut et, comme pour le gros pavillon de Fontaine-
Henry, nous sommes malheureusement réduit à
constater la ressemblance qui existe avec l'hôtel
d'Escoville. La part assignée au maître inconnu qui
fut l'émule de Sohier s'augmente donc tout à coup
d'une manière notable. Elle ne comprend pas moins
de quatre monuments, et tout porte à croire que
des recherches plus étendues ne manqueraient pas
d'amener encore de nouvelles découvertes à ce
sujet (1) ».

Je me suis trop longtemps attardé autour de ces
nobles demeures, vestiges du brillant passé de la
ville de Caen. Il faut s'arracher aux charmes de
leurs souvenirs. Et cependant, combien n'y aurait-il
pas encore à citer de luxueux hôtels ou de plus
modestes maisons qui proclament bien haut le goût
des propriétaires, l'habileté des architectes, le talent
des décorateurs, les uns comme les autres artistes
dans le sens le plus large du mot, et dont le nom a
été injustement oublié ?

(1) L. Palustre, *La Renaissance en France*, t. II, p. 308. L'auteur ajoute en note : « Raymond Bordeaux qui, suivant nous,
évoquait à tort dans la circonstance le nom d'Hector Sohier,
écrivait déjà en 1846 : « L'analogie des constructions avec ce
dernier monument (l'hôtel d'Escoville) est frappante. Les colonnes de l'imprimerie Leroy (aujourd'hui Domin) et celles de
la Bourse sont identiques, leur base présente une imitation du
XIIIe siècle fort particulière : il y a des palmettes comme au
pied des colonnes du chœur de l'abbaye de Saint-Étienne, et
cet empatement, ressuscité au XVIe siècle, diffère peu de celui
usité sous Philippe-Auguste »

Voici, au hasard, l'hôtel de Loraille, où la ville reçut le duc de Bourgogne en 1464 ; l'hôtel du Quesnay du Thon, avec ses toits gigantesques et ses

HÔTEL COLOMBY (RUE DES CORDELIERS).

belles lucarnes ; l'hôtel Patrix, surchargé d'ornements riches mais lourds ; l'hôtel de Colomby, à l'aspect

sévère ; cent maisons disséminées par toute la ville,
avec leurs escaliers à vis dans des tourelles formant
presque toujours encorbellement, et leurs élégantes

TOUR D'ESCALIER, RUE DE GEÔLE, Nº 29.

sculptures aux huis, aux fenêtres, aux frontons,
aux lucarnes, aux gables, aux rampants : armoi-

ries, chiffres, devises, pinacles, vases de fleurs,
têtes d'hommes ou d'animaux, enseignes de mar-
chands, emblèmes de toute espèce; et, tout là-bas,
dans un faubourg perdu, le manoir du Pont-Créon,
daté de 1599, avec sa belle porte d'entrée, son pavillon à toit pyramidal, son grand colombier, type
achevé d'une agréable gentilhommière, à la fois
maison de ville et maison de campagne.

Un dernier édifice exige toutefois une mention à
part : c'est le manoir des Gens d'armes, bâti avant le
premier tiers du XVI⁰ siècle, dans le quartier de
Calix, par Girard de Nollent, seigneur de Saint-

MÉDAILLONS (MANOIR DES GENS D'ARMES).

Contest. Le petit château de Calix, comme on
appelait parfois cet édifice, n'a jamais été sans
doute qu'une « maison des champs », agréablement
assise sur le bord de la rivière d'Orne et près de
riantes prairies, et où les Nollent, qui possédaient un
hôtel à Caen, allaient passer les après-midi d'été.
Il ne se composait, d'ailleurs, avec quelques bâti-
ments d'exploitation élevés dans l'intérieur de l'étroit

domaine, que de deux tours réunies par un mur crénelé. On est ici en présence d'une fantaisie de gens riches qui, à une époque paisible, ont voulu imiter de très loin, mais avec goût, une forteresse féodale, de même que, de nos jours, certains bourgeois, millionnaires de la veille, se font bâtir — on sait sur quels grotesques modèles — de soi-disant « castels gothiques », qu'ils meublent en « style troubadour ».

La première tour est la plus importante et la plus soignée. Sur la plate-forme se dressent deux statues en pierre, de soldats, de « gens d'armes », costumés à la romaine ; leur attitude est menaçante et ils semblent défendre l'abord du logis. Cette tour est décorée des armoiries mutilées des Nollent et de médaillons aux types fantaisistes. Il en est de même des créneaux de la courtine, où des têtes humaines sont pour la plupart entourées d'inscriptions empruntées aux *Triomphes* de Pétrarque et faisant allusion à la puissance de l'Amour, à la Chasteté, à la Mort, à la Gloire, au Temps et à l'Éternité.

Les médaillons et les inscriptions du manoir des Gens d'armes ont une analogie saisissante avec la maison de la rue de Geôle (n° 17), construite par l'architecte Abel Le Prestre, fils de Blaise, pour le père du médecin Jacques de Cahaignes, et dont il a été question plus haut. En comparant ces deux édifices, on est frappé des ressemblances qu'ils présentent entre eux : même date de construction, médaillons de dimensions pareilles, avec les mêmes têtes, les mêmes inscriptions, et identité absolue d'une figure de femme, tournée de profil, respirant une fleur et entourée de la même légende : *Pudicitia vincit Amo-*

rem. Les deux œuvres sont donc dues au même
maître, à Abel Le Prestre.

D'autres chapitres du *Caen illustré* ont pour sujets
l'Université et ses collèges, les premiers imprimeurs
caennais, le Palinod, les Académies, les divertisse-
ments et les anciens usages, enfin la ville moderne,
son port, son commerce, les collections publiques et
les sociétés savantes. M. de Beaurepaire y fait preuve
de l'érudition la plus approfondie et la plus variée.
Tout y est à sa place, tout y est décrit ou raconté
avec un charme exquis et avec des sentiments qui
honorent l'écrivain, qui, sa tâche terminée, nous dit
dans la dernière phrase de son livre :

« On ne sait pas assez à quel point nos anciens
historiens avaient au cœur l'amour de la ville de
Caen. En vivant familièrement avec eux, nous nous
sommes laissé gagner par la contagion et nous avons
pris quelque peu de leurs sentiments. Nous serions
amplement récompensé si nous pouvions les commu-
niquer à ceux qui parcourront ce volume ».

Ces sentiments, les habitants de Caen les ont toujours partagés, quel que soit l'objet de leurs occu-
pations et de leurs goûts. Ils y joindront désormais
une inaltérable gratitude pour l'archéologue et le
penseur qui a si magistralement mis en lumière les
richesses artistiques et intellectuelles de leur ville.

L'illustration de l'ouvrage se compose de quatorze
grandes eaux-fortes et de deux cent vingt - cinq

dessins dans le texte. Elle est réellement esthétique
et n'a rien de banal. Je me hâte de constater qu'elle
a pleinement satisfait les artistes, mais que les
archéologues ont formulé quelques critiques sérieuses
et méritées.

A coup sûr l'eau-forte permet à l'artiste de donner
aux sujets traités plus de vie et de couleur que les
procédés ordinaires de la gravure; mais ces heureux
résultats ne s'obtiennent-ils pas souvent aux dépens
de la ressemblance? Et la ressemblance, n'est-ce pas
ce que l'on doit demander tout d'abord à la représentation d'une œuvre architectonique? Depuis
longtemps on a renoncé, et non sans raison, à ces
dessins fantaisistes qui déparaient jadis aussi bien les
compilations « pittoresques » que les livres les plus
sérieux. Comme de l'écrivain, on exige aujourd'hui
du dessinateur une précision, une exactitude, une
sincérité grâce auxquelles on puisse se faire une idée
vraie du paysage, de l'édifice, du détail représentés.
Je ne suis pas sûr que M. P. Carbonnier soit partisan
de cette tendance vers un réalisme de bon aloi ou, si
l'on veut, vers une réalité que réclament impérieu-
sement les travaux tels que celui dont il était chargé.
Il n'avait point, en effet, à prendre des croquis
destinés à former un album, auquel on ajouterait un
texte quelconque, mais à illustrer un ouvrage de
consciencieuse érudition.

Sans doute, les dessins de M. P. Carbonnier sont
très artistiques et dénotent des qualités personnelles
fort remarquables ; ils sont, pour la plupart excel-
lents, mais il en est quelques-uns qui ne rendent pas
la physionomie véritable des monuments et les
montrent sous un aspect trop écrasé ou trop élancé.

La fantaisie, la hardiesse sont de précieux dons pour un artiste; mais il ne faut pas qu'elles l'entraînent trop loin et, dans des représentations monumentales, le « chic » et le « flou » deviennent des défauts.

Je n'insisterai pas davantage sur les légères imperfections qui m'ont frappé dans l'illustration du livre que je viens de présenter au lecteur. Après tout, plusieurs d'entre elles sont imputables moins à l'artiste, au réel talent duquel il convient de rendre hommage, qu'au genre adopté pour la reproduction des dessins.

Malgré la richesse de ses tons et de ses effets, l'eau-forte ne contente pas l'archéologue, curieux d'étudier un édifice qu'il ne peut visiter, aussi bien qu'un simple dessin d'architecte, une gravure sur bois ou sur cuivre ou une de ces photogravures qui désormais ne laissent plus rien à désirer. Chaque procédé est bon en soi, mais demandons-lui seulement ce pourquoi il a été inventé. Et, de l'avis de beaucoup, tel est le sort de l'eau-forte : elle est la brillante collaboratrice des œuvres d'imagination ; elle sera rarement l'utile auxiliaire de l'archéologie.

Caen. — Imp. H. DELESQUES, rue Froide, 2 et 4.